Prix : UN franc

JULES TEXIER

21 JOURS
A
La Roche-Posay
(VIENNE)

GUIDE DU BAIGNEUR & DU TOURISTE

PENDANT SON SÉJOUR

A L'ÉTABLISSEMENT DES EAUX MINÉRALES
DE LA ROCHE-POSAY

(CARTE CYCLISTE A LA FIN DE L'OUVRAGE)

TOURS
IMPRIMERIE TOURANGELLE
20-22, rue de la Préfecture

1898

21 JOURS

A

LA ROCHE-POSAY (VIENNE)

Jules Texier

21 JOURS

A

La Roche-Posay

(VIENNE)

GUIDE DU BAIGNEUR & DU TOURISTE

PENDANT SON SÉJOUR

A L'ÉTABLISSEMENT DES EAUX MINÉRALES

DE LA ROCHE-POSAY

TOURS
IMPRIMERIE TOURANGELLE
20-22, rue de la Préfecture

1898

AVANT-PROPOS

Jadis un marquis de Pleumartin possédait, dit une légende que j'ai recueillie sur place, une paire de chevaux qui, pour n'avoir pas fait campagne sous les murs de Tunis à l'époque des Croisades, n'en étaient pas moins affligés d'une maladie de peau abominablement désobligeante pour eux-mêmes et leurs contemporains.

Pour ne pas les faire abattre sous ses yeux, le marquis les lâcha dans les bois qui s'étendaient de Pleumartin à La Roche-Posay, les offrant, dans son for intérieur, en holocauste aux loups de la contrée.

Quelques semaines plus tard, excursionnant à Pozay, M. de Pleumartin ne fut pas modérément surpris en apercevant son ex-attelage en poil superbe, croupe luisante, nez au vent, en un mot, absolument guéri.

Les eaux de La Roche étaient découvertes. D'instinct, les chevaux avaient simplement fait une saison, et bien que sevrés d'Etablissement thermal authentique et des joies pures d'un casino, ils n'en avaient pas moins été la première cure merveilleuse du pays.

Comment, à une époque où les journalistes n'étaient pas inventés, la chose eût-elle un bruyant retentissement dans la région ?.. Je ne me charge pas de l'expliquer. Mais ce que je constate, documents en main, c'est qu'à l'époque déjà reculée où les tabellions n'avaient pas contracté la déplorable habitude d'écrire leurs improvisations en un style obsolète et sur du papier d'un prix excessif, Michel Leriche, notaire du roy (avec un y), en sa bonne ville de Parthenay, raconte très gentiment le voyage qu'il fit aux eaux de La Roche où fréquentaient, à cette date, de 1500 à 2000 baigneurs.

Les eczémas étaient alors sans doute plus communs ou les eaux de La Roche plus connues, car il est difficile d'admettre que les générations modernes soient moins avancées que celles dont parle le brave notaire de Parthenay ; et un fait certain, indiscuté, incontestable, c'est que les

Eaux de La Roche produisent des cures absolument stupéfiantes.

Pourquoi?... Je ne me charge pas de l'expliquer, parce que pour rien au monde je ne voudrais piétiner les plates bandes des excellents docteurs Chrétien et Castaing, et puis parce que ma science médicale ne me permet que de conclure simplement qu'elles guérissent parce qu'elles ont des vertus curatives, tout comme le pavot fait dormir, *papaver facit dormire,* parce qu'il a des vertus soporifiques, *quia virtutes soporificas habet.*

Je laisse donc aux professionnels du scalpel et du bistouri le soin de démontrer que j'avance l'exacte vérité, et je me cantonne dans mon rôle qui est d'indiquer aux valides et aux valétudinaires venant à La Roche, le moyen agréable d'y passer leurs trois semaines de villégiature ou de traitement.

Gracieusement assis à l'angle de la Touraine et du Poitou, au confluent de la Gartempe et de la Creuse, La Roche-Posay est l'un des petits coins les plus jolis de la France pittoresque.

Et si les grandioses effets des paysages de la Suisse et de la Savoie ne se retrouvent pas dans les vallées poitevines, on y rencontre en revanche les plus adorables petits décors d'opéras comiques, avec des tas de poésie nichés dans tous les coins, et du soleil sous toutes les mousses et aux ombres de tous les rochers.

Je n'ai pas l'intention de passer la revue de détail de la contrée dans les limites de cette très modeste brochure, d'autant que je préfère laisser le plaisir de la découverte à ceux qui feront après moi le tour du pays. Je veux me borner à indiquer les excursions les plus intéressantes et les moyens de les réaliser de façon pratique.

Ce que je puis affirmer à ceux qui viendront après moi, c'est qu'ils ne regretteront ni leurs peines ni leur temps s'ils font, comme je viens de les faire, leurs 28 jours à La Roche-Posay.

Août 1898.

Jules TEXIER.

LA ROCHE-POSAY

Le Donjon — l'Église

A tout seigneur tout honneur, — dit le proverbe.

Les seigneurs de La Roche-Posay, barons de Preuilly, dont le premier fut Effroy qui vivait en l'an 960, se rattachent assez à l'histoire du Poitou pour qu'il soit permis d'évoquer leur souvenir en menant le lecteur à la visite de leur vieux donjon.

En entrant dans cette antique tour, dont les pierres racontent la grandeur du passé, on songe malgré soi aux exploits des fiers paladins, des hardis chevaliers qui ont reconquis le Poitou sur les Anglais, et qui ont vécu et lutté à l'ombre de ces murs.

Tous ces souvenirs sont émouvants; tout cela poigne l'âme de mélancolie; mais tout cela célèbre aussi la grandeur et l'unité de la France.

*
* *

La première chose qui frappe la vue en débarquant à la Roche, c'est un portail crénelé qui sent son moyen âge à plein nez et qui s'appelle *Porte de Ville*.

Il ne s'est pas encore trouvé de municipalité pour le faire abattre.

Ce portail était autrefois le pont-levis du château aujourd'hui détruit, et qui donnait accès à l'intérieur de l'enceinte.

Devant s'étendaient les fossés.

Une autre porte, appelée *de Guyenne*, existait un peu en amont du moulin situé sur la Creuse, au bas d'un petit chemin qui part à mi-distance de la ville à la gare.

A l'intérieur de l'enceinte se trouvaient le château, l'église et le donjon. Le château seul a disparu. Les de Chasteigner, à qui appartient aujourd'hui la vieille ruine féodale et qui l'ont restaurée de façon à en assurer pour longtemps la conservation, permettent aux touristes de la visiter.

« *Ce donjon a été construit sur un plan carré de 14 mètres environ sur chaque face, y compris la saillie des contreforts. Il est buté sur chaque partie plane par des piles robustes d'un mètre de saillie, avec empatement à mi-hauteur et à leur base ; le tout en moyen appareil de tuffeau à assises de 28 à 30 centimètres. Il y a 78 assises jusqu'au sommet des mâchicoulis* ».

Suivant M. de Rochebrune, auquel j'emprunte ces détails beaucoup trop savants pour être de mon crû, mais qui peuvent intéresser les touristes, *amants passionnés des antiques débris*, la couronne de mâchicoulis a dû remplacer au xive siècle les housts en bois qui, en temps de guerre, s'installaient toujours aux sommets des donjons datant des xie et xiie siècles.

Il est probable que la base de celui-ci date de l'an mil et que le surplus a été élevé au cours du siècle suivant.

La porte s'ouvre à l'est, au rez de chaussée de la tour ; sur la droite se trouve un escalier étroit, montant par une pente droite et raide dans l'épaisseur de la muraille qui est de 2^{m}70, à une pièce voûtée.

Au sommet de la voûte est une forte dalle carrée, munie d'un anneau et par laquelle on faisait passer les engins aux assiégés, sur la plate-forme supérieure du donjon.

Viollet-le-Duc, dans son *Dictionnaire d'architecture*, à propos du donjon de Coucy, explique comme je viens de le dire la présence de cette dalle mobile au sommet de tous les donjons du moyen âge.

De la terrasse supérieure on jouit d'une vue très étendue et extrêmement pittoresque sur l'immense vallée où coulent la Creuse et la Gartempe dont le confluent se trouve à quelque cents mètres de La Roche.

L'église, qui était autrefois la chapelle du château, date des premières années du xiie siècle.

Elle était fortifiée, et l'on voit encore aujourd'hui, du côté de la Creuse, les deux tours crénelées qui lui servaient de défense.

Cette église a subi évidemment plusieurs sièges, et sa façade porte la trace de nombreux biscaïens. Mais comme cette façade date des xiv° et xv° siècles, et que les faits d'armes dont La Roche a été le théâtre sont bien antérieurs à ces époques, il faut en conclure que la restauration a été faite avec les anciennes pierres et qu'on a choisi pour les mettre en évidence celles qui avaient été plus particulièrement atteintes.

De l'avis du Père de la Croix, le savant archéologue poitevin, le clocher qui se trouve aujourd'hui au milieu de l'église était autrefois en façade, et le monument se terminait par une abside désormais disparue.

Sans vouloir entrer dans le détail des curiosités intérieures de cette antique chapelle, je ne puis cependant omettre le marbre funéraire du célèbre évêque de Poitiers, Louis Chasteigner, qui se trouve dans une arcade à droite de l'autel.

Cette énorme plaque de marbre noir, de 16 centimètres d'épaisseur, a été parfaitement restaurée et remise en place.

En tête se trouvent les armes des Chasteigner surmontées d'une mitre et d'une crosse.

L'inscription porte :

« Henricus Ludovicus Castaneus De la Roche-
« posay Episcopus Pictaviensis inter Majores
« suos hoc sibi vivens monumentum prœstruxit
« anno Christi 1650-Ætatis 73.

L'emplacement où se trouve la plaque funéraire était autrefois en style ogival, avec petits pinacles bordant les ouvertures de la baie. Un des anciens curés de La Roche-Posay, ayant reçu de l'argent pour *orner cette chapelle,* ne trouva rien de mieux que de faire raser toutes les sculptures et moulures qui dépassaient le niveau de la muraille et de faire cintrer la voûte avec du plâtre.

En sortant de l'église, j'engage vivement les touristes à aller visiter la terrasse du presbytère qui y est attenant ou celle du notaire qui demeure tout à côté. De là, en dehors de la vue superbe qui s'étend sur la vallée, on admire les énormes blocs de rochers, ruines de l'ancien pont que les assiégés de La Roche-Posay firent sauter pour barrer la route aux Anglais.

Ce fait est attribué à Duguesclin, mais rien n'est moins sûr, et il pourrait se faire que Duguesclin ne fût jamais venu à La Roche, quoique l'une des rues de la petite cité porte le nom du Connétable. Il y a également à La Roche une rue *Carlomet* du nom d'un des généraux de Duguesclin (Carlomet ou Carlonet) qui lui se battait tous les jours à Châtellerault avec les Anglais.

Je ne veux pas me laisser entraîner à parler des guerres qui eurent lieu entre Charles IV dit le Bel, ses successeurs, et Edouard II roi d'Angleterre, et qui eurent notre région pour théâtre.

On en trouve le récit fort intéressant dans

Froissart, puis dans l'excellente histoire du Poitou de Thibaudeau.

Je me bornerai à rappeler, en ce qui concerne La Roche, deux faits historiques.

En 1369, Jehan de Breuil, Guillaume des Bordes, Louis de Saint-Julien, et Cornet Breton, capitaines français, à la tête de 1.200 hommes, prirent d'asaut le château de La Roche-Posay, occupé par les Anglais ayant à leur tête le prince de Galles.

Un peu plus tard le comte de Pennebrock, qui se trouvait à Mortagne et qui revenait ravager l'Anjou et la Touraine, fut arrêté par Louis de Sancerre, maréchal de France, qui *assembla dans une nuit toutes les garnisons à La Roche-Posay.* « Il s'y trouva 700 hommes qui, sous la conduite du maréchal, rejoignirent les Anglais à Puirenon et en tuèrent un grand nombre, environ 300 ».

Tels sont, très succinctement résumés, les souvenirs qui se rattachent à La Roche-Posay.

Le reste de la ville n'offre rien de particulier.

En suivant la rue qui part de la Porte de ville, on arrive au pont suspendu qui relie La Roche à la route de Preuilly et qui surplombe la Creuse de 14 mètres.

Au bas se trouvent les piles de l'ancien pont détruit, comme je l'ai dit, lors d'un siège de La Roche, et à cinquante mètres en amont le petit coin le plus pittoresque du monde avec un joli moulin à l'angle d'une île formée par deux bras de la Creuse.

La pêche y est absolument permise, soit dans l'île, soit dans le moulin même, et comme l'endroit est à un peu moins de cinq minutes de la place de La Roche, rien n'est plus aisé que d'aller y prendre une friture sérieuse, à l'ombre de grands souvenirs historiques, comme dirait M. Prudhomme, en attendant le dîner du soir.

Du reste, la Creuse est partout très poissonneuse, et au cours des promenades que je vais désormais essayer d'indiquer, les amateurs n'auront, pour jeter leurs lignes, que l'embarras du choix.

LE MOULIN GATINEAU

Lesigny. — Coussay-les-Bois. — La Vervolière.

Lorsqu'en sortant de La Roche, on prend à gauche la route qui se trouve auprès de la Porte de Ville et qui commence par une descente très raide, on arrive, en suivant pendant 3 kilomètres la superbe vallée de la Creuse, au lieu dit *Moulin Gatineau*.

Rien de joli comme cette route depuis La Roche jusqu'à Lesigny, non pas qu'elle possède les grandioses rochers de la route du Blanc et de Fontgombault ; mais, extrêmement accidentée, elle offre, à chaque sommet de côte, un panorama inattendu et toujours frais et gracieux au possible.

A droite, dans le fond de la vallée, c'est la Creuse, calme et limpide qui coule lentement à l'ombre des hauts peupliers, mais changeant de décor, comme une jolie femme de toilette, à chaque tournant de son chemin.

A gauche, ce sont les collinettes boisées qui dévalent, de l'autre côté, jusqu'à Coussay-les-Bois.

P'us loin, dans un site ravissant, c'est le château du Rouvray qu'on aperçoit sur les hauteurs, émergeant d'un océan de verdure.

Sites enchanteurs, amples horizons de forêts, aperçus pittoresques et toujours nouveaux de cette riante vallée de la Creuse : tel est le bilan de ce chemin charmant qui mène de La Roche à Lesigny.

A mi-route, se trouve, comme je viens de le dire, le *moulin Gatineau*, fameux dans la contrée.

On y fabrique la pâte de bois pour faire le papier ainsi que le carbure pour le gaz acétylène. On permet très facilement de visiter, et le gérant fait les honneurs de son usine avec une bonne grâce parfaite.

Je signale tout particulièrement à l'attention de Messieurs les pêcheurs à la ligne les abords de ce moulin...

Après escale et visite à *Gatineau*, en suivant toujours la ravissante route dont j'ai parlé, on arrive à Lesigny, bourg sans intérêt, avec un pont suspendu sur la Creuse et point à bifurcation.

Là, il est aisé de modifier l'itinéraire, en allant soit sur Chambon ou Barrou, Chaumussay ou le Grand-Pressigny. Mais comme ces diverses excursions sont indiquées d'autre part, je préfère terminer cette promenade d'une matinée par Coussay-les-Bois.

Quatre kilomètres pour aller de Lesigny à Coussay, petit village situé au milieu des bois, et à l'embranchement de la route de Châtellerault à La Roche-Posay.

On y trouve une petite église appelée Notre-Dame, qui paraît être du xɪᵉ siècle et dont le portail semble fortement cousin de celui de Notre-Dame de Poitiers.

Tout à côté s'élève le coquet château de la *Vervolière* qu'on peut aller admirer et auprès duquel se trouvent des caves très curieuses creusées dans le rocher.

De Coussay à La Roche on marche au milieu des bois, dont le dernier, à 1 kilomètre de La Roche, s'appelle le *Bois-Clair*, et s'étend sur la gauche jusqu'à la Creuse.

Incidemment, j'indique cette promenade du *Bois-Clair* pour une après-midi.

PREUILLY

Le Château d'Atton. — La Collégiale de Saint-Melaine

Pour aller de La Roche à Preuilly, on traverse d'abord le pont suspendu sur la Creuse.

La route est fort accidentée mais cependant cyclable, très pittoresque, du reste, et passablement ombragée, elle côtoie le joli parc de Boussay.

Après la dernière côte le paysage devient tout à coup superbe.

Du fond de la Brenne où naît la Claise, à l'Est et du haut plateau qui sépare à l'Ouest cette rivière de la Creuse, sur une étendue *de plus de 30 kilomètres*, on aperçoit, en effet, au-dessus de Preuilly, une façade sévère, fronton et contours bien dessinés, dont la silhouette se détache du milieu des bastions en ruine du vieux château-fort renversé par la main des hommes.

A l'ombre de cette antique forteresse, le bourg de Preuilly coquettement assis sur la colline, émergeant d'un nid de verdure, offre le coup d'œil le plus ravissant.

Il y a là une jolie vue à prendre pour les amateurs de photographie.

Dévalant ensuite la grande descente qui conduit

en ville, on entre par des allées larges, spacieuses, pour aboutir sur la place où se trouvent l'église et les principaux hôtels. L'arrivée à Preuilly, par une jolie matinée d'été, vaut certainement, à elle seule, le voyage.

Preuilly, qui fut longtemps le chef-lieu de la baronnie de La Roche-Posay, fut aussi le berceau et la résidence de ses seigneurs.

Le château, bâti par Atton sur une colline profondément coupée de gorges, en faisait naturellement une citadelle bien défendue, rendue plus redoutable ensuite par la construction de murs et par un fossé creusé dans le roc du côté de la colline.

Il fut occupé par les Anglais au temps du roi Jean.

Aujourd'hui les ruines sont peu de chose, mais on y trouve les restes d'une magnifique chapelle du XIIe siècle, qui sert maintenant d'écurie.

L'entrée en ogive du château, du côté de la ville, se trouve entre deux tours dont une a été vraisemblablement restaurée au temps de la Renaissance. De ce point, une forte rampe conduisait à la porte de la chapelle.

Il paraît, si l'on en croit l'histoire de Preuilly, que Charles de la Rochefoucaud au XVIe siècle et César de Vendôme, fils de Henri IV et de Gabrielle d'Estrées, au XVIIe siècle, furent possesseurs de ce château et l'habitèrent.

Mais ce qui est beaucoup plus intéressant que cette ruine féodale (effet et point de vue mis à part), c'est l'église du bourg, commencée en 1001, dit Mabillon, et achevée en 1009, ainsi qu'en témoigne la pierre placée au-dessus de la porte principale.

Fondée par Effroy, seigneur de Preuilly, de La Roche-Posay et aïeul des comtes de Vendôme, c'était primitivement une abbaye.

Un diplôme du roi Robert confirme l'érection du monastère et le rattache, en l'an 1008, au diocèse de Tours.

Cette église, vaste et majestueuse, se compose d'une nef très élevée et de deux collatéraux, sans bas côtés. Son axe est curviligne, ce qui fait que les piliers sont un peu en quinconce ; d'où effet très bizarre. Un déambulatoire accompagne le chœur. Le plein-cintre règne dans tout l'édifice.

L'abside, modèle d'élégance et de grâce, a deux étages d'arcatures géminées, alternées avec les fenêtres.

La tour, aussi en style roman, est un corps prismatique placé à gauche, en regard du transept. Les contreforts sont à deux étages. La porte qui est au pied de cette tour a une archivolte ornée de billettes.

Ces détails spéciaux, je les emprunte à M. Blanchetière, auteur d'une notice archéologique sur La Roche-Posay, publiée à Châtellerault, *imprimerie Rivière*, en 1860.

Ce monument historique, fort intéressant, a été réparé avec un tact parfait par un lettré doublé d'un érudit, l'abbé G. Picardat, décédé au printemps de 1898, et auteur d'un remarquable ouvrage intitulé : *L'Eglise abbatiale de Preuilly-sur-Claise* (Tours 1895), et que j'engage vivement les archéologues à consulter quand ils visiteront cet intéressant petit pays situé seulement à 12 kilomètres de La Roche.

Au sortir de l'église, aller faire une visite à l'hôpital qui renferme, en dehors de ses malades, un curieux escalier de pierre fort bien portant malgré son grand âge.

De là, aller se restaurer à l'hôtel, et si l'on est parti de très bonne heure, achever la matinée en se rendant à Chaumussay.

CHAUMUSSAY

L'âge de pierre en Touraine. — Le plus grand atelier préhistorique du globe.

Pour aller de La Roche à Chaumussay, le moyen le plus pratique pour les cyclistes est de suivre pendant 2 kilomètres la route de Preuilly, en passant le pont suspendu qui se trouve à La Roche même. Au 2e kilomètre environ, au lieu dit *Tournebride*, prendre à gauche et filer jusqu'à Chambon, en route plate ; c'est l'affaire de 8 kilomètres.

A Chambon, 6 kilomètres de descente anodine pour débarquer à Chaumussay.

Pour faire l'excursion en voiture, il est préférable de passer par Preuilly.

En sortant de ce dernier bourg, deux routes mènent à Chaumussay. Celle de droite est plus large mais accidentée ; celle de gauche, parfaitement carrossable et cyclable, longe la Claise et conduit directement à Chaumussay distant de 6 petits kilomètres.

En arrivant, on aperçoit, à droite, une source dite *Fontaine Saint-Marc* qui est extrêmement curieuse. Elle jaillit à 10 mètres au-dessus du niveau de la Claise d'un coteau élevé de 50 mètres sur lequel ont été recueillis des instruments chelléens, des pointes moustériennes, des flèches solutréennes, des haches polies, des flèches barbelées, en un mot tout l'arsenal de nos excellents grands-pères anté-diluviens qui avaient établi là, entre le Grand-Pressigny, Abilly, Barrou et La Guerche, une manière de manufacture d'armes auprès de laquelle celle de Châtellerault n'est absolument que de la Saint-Jean.

Arma antiqua...
Et lapides et item sylvarum fragmenta rami,

comme dit le nommé Lucrèce, un monsieur du temps passé, qui écrivait en latin pour embêter les potaches de l'avenir.

Mais il ne m'appartient pas de parler de toutes ces choses savantes et je préfère conduire le touriste directement à la porte de l'abbé Brung, l'éminent archéologue qui dessert, depuis plus de trente ans, la minuscule paroisse de Chaumussay.

L'abbé Brung est un savant du genre aimable, enchanté de recevoir les visiteurs, de leur montrer ses merveilleuses collections et sachant se mettre à la portée des Béotiens comme moi, pour rendre attrayante à l'excès la visite de ses vieux cailloux.

Je suis heureux de saisir l'occasion de lui en exprimer ici mes plus sincères remerciements.

L'homme primitif, le troglodyte des cavernes,

qui avait à se nourrir, à se vêtir *relativement*, et à se défendre contre les fauves, ramassa sur le sol ou chercha dans la terre des pierres destinées à jouer le rôle d'armes. Il ne tarda pas à s'apercevoir que le silex, dont la cassure est facile, était la matière avec laquelle il obtenait le meilleur résultat pour les instruments en pointe ou avec tranchant.

La nature ne les lui offrant pas tout préparés, il les tailla avec d'autres pierres qui lui servaient de *percuteurs*.

Essentiellement nomade, notre grand-père des cavernes cherchant tout ce qui pouvait adoucir les rigueurs de son existence en découvrant du silex, trouva dans cette région de Chaumussay un trésor d'une immense valeur, quelque chose comme les mines du Rio-Tinto. Des générations d'ouvriers s'y fixèrent; de nouvelles tribus vinrent se joindre aux premières et l'atelier devint si vaste qu'il s'étendit jusqu'au-delà de la rivière de la Creuse.

Vu l'extrême abondance de la matière première, l'atelier s'est maintenu pendant toute la durée de l'âge de pierre et continua pendant les premiers temps de l'âge de bronze.

Je crois à peu près inutile de dire que j'emprunte tous ces détails à l'abbé Brung, auteur d'une savante brochure sur la question, et à qui des recherches minutieuses et persévérantes ont permis de constater méthodiquement le progrès qui s'est effectué sur place, et d'établir par ordre chronologique les types de toutes les époques de l'art lithique.

Sa collection, en 28 tableaux, renferme toute l'histoire de l'âge de pierre depuis l'époque rudimentaire.

On y trouve des massues, des ciseaux, des couperets, hachereaux, grattoirs, perçoirs, pointes de flèches, etc., etc., et aussi des haches identiquement pareilles à celles dont se servaient les indigènes de la Polynésie, et que j'ai personnellement recueillies là-bas.

Ce qui tend bien à prouver que partout l'homme anté-diluvien s'est servi des mêmes moyens naturels.

Toute cette merveilleuse collection, méthodiquement classée dans des vitrines, sera probablement un jour dispersée aux quatre vents du monde, s'il ne se trouve pas un archéologue assez influent pour empêcher, au nom de la science, un acte de vandalisme, en faisant acquérir, par l'Etat, ce trésor archéologique si important à cause de la variété et surtout de L'UNITÉ de ses origines.

En dehors de ces pièces qui datent de plus de *trois mille* ans, on peut admirer chez l'abbé Brung diverses collections de médailles, d'animaux curieux empaillés, etc.

La petite église, attenant au presbytère, est des

XIᵉ et XIIᵉ siècles et dépendait du prieuré de Fontgombault.

On y remarque une chaire en bois, sculptée fort artistiquement dans le goût de l'époque, et qui est l'œuvre du curé.

A droite de l'église était autrefois un prieuré dont on voit encore les traces, et qui se trouve situé sur le fond d'une petite place ornée d'une statue.

Une statue à Chaumussay !

Eh oui, une statue, et d'un fort beau modèle, très bien venue, fondue à Tours, sur une maquette de l'abbé Brung. Elle représente Jeanne d'Arc, en costume de guerre, saluant avec l'épée de la main droite et brandissant son oriflamme de la main gauche.

En voilà plus qu'il n'en faut pour décider les touristes et amateurs d'archéologie et d'art à consacrer une matinée à cette excursion dont ils reviendront charmés.

TOURNON

Luray. — La Tour-du-Soudun.

Voilà une excursion à faire de La Roche mi-partie en chemin de fer, mi-partie en voiture ou à bécane.

Le chapitre premier consiste à aller à Tournon par le train de 8 heures du matin.

Tournon-Saint-Martin, 1622 habitants, hauts fourneaux, carrières de pierres (??), possède une église fortifiée, avec tour, chemin de ronde et généralement tout ce qui concerne la profession de citadelle. Aussi on se dispose à l'abattre pour la remplacer par une petite poivrière bien propre, avec du plâtre bien blanc, tout ce qu'il y a de plus idoine à charmer l'œil de l'archéologue ou même du simple touriste qui n'est pas une buse complète en matière d'art.

Ce Tournon-Saint-Martin est intimement lié à un Tournon-Saint-Pierre qui forme avec lui une seule et même ville, mais une circonscription communale différente, par suite d'une de ces chinoiseries administratives que l'Europe nous envie.

Il y a là un pont métallique que nous nous hâterons de traverser, pour prendre un chemin à gauche, sis à 500 mètres environ du bourg. C'est la route de Luray, village qui se trouve exactement à 3 kil. 900 de Tournon.

Mais avant d'arriver à Luray, à 2000 mètres environ, se trouve cette vieille ruine *du Soudun*, que les gens du pays appellent communément *La Tour d'Issoudun*.

J'ignore si elle a une histoire, et je n'ai rien trouvé à ce sujet. Ce que je sais c'est qu'elle est dans un état de délabrement remarquable, et j'engage vivement les ascensionnistes à en monter les degrés avec précaution.

Son propriétaire, le très aimable M. Le Tellier, n'en permet, du reste, l'accès qu'aux personnes sérieuses, non qu'il y ait danger d'écroulement, mais à cause de l'état d'usure des marches.

Par exemple, une fois parvenu sur le plateau qui couronne l'édifice, on jouit d'un panorama merveilleux.

Je signale particulièrement à l'attention des amateurs le petit château *du Plessis*, tout en briques rouges et que M. Hanotaux, notre ancien ministre des affaires étrangères, assigne comme lieu de naissance à Armand du Plessis, cardinal de Richelieu, dans l'histoire qu'il vient de publier du grand homme d'Etat.

Ce château du Plessis, qui appartient à la famille Le Tellier, est situé commune de Réons-sur-Creuse.

La tour dont je parle, et sur le sommet de laquelle nous nous trouvons actuellement, est elle-même située sur une colline fortement boisée, et au centre d'une exploitation agricole.

Si vous entrez dans la ferme, vous remarquerez un fond de foyer absolument curieux. Il représente 2 écussons couplés, dont l'un porte les armes des Montmorency; l'autre, celles d'une famille alliée, les deux soutenus par deux chevaux cabrés.

En quittant le Soudun on peut aller jusqu'à Luray qui gîte à une petite portée de lapin de là, et possède une vieille église extrêmement basse, agrémentée d'un clocher perchoir auquel on accède par un escalier extérieur.

De Luray, rien de plus simple que d'aller déjeuner à Fontgombault.

L'ABBAYE DE FONTGOMBAULT

La route de Tournon au Blanc.

Comme je viens de le dire, le moyen le plus pratique pour aller de La Roche à Fontgombault est de prendre le train jusqu'à Tournon, et de là de gagner l'abbaye en voiture ou à bicyclette en passant par la vieille tour du Soudun et le village de Luray.

On déjeunera au monastère ou à l'ombre des rochers, au bord de la Creuse, et on reviendra à Tournon par un second chemin qui longe la rivière, assez à temps pour prendre le train de 2 heures qui arrive à La Roche à 2 h. 40, à moins qu'on ne décide l'excursion du Blanc, dont je parle ci-après.

Le propriétaire de l'hôtel contigu à l'église de Tournon conduit, en voiture, les touristes à Fontgombault pour 5 francs ou 8 francs, selon qu'il faut un ou deux chevaux.

On peut également aller de La Roche à Fontgombault par Vicq et Angles.

La promenade est charmante à bicyclette. En voiture elle coûte 20 francs. Mais je préfère consacrer une journée à l'excursion d'Angles qui en vaut la peine, et aller à Fontgombault par Tournon.

On peut déjeuner à l'abbaye ou emporter son repas; dans le premier cas il est indispensable de prévenir le Père Abbé pour ne pas courir le risque d'être traité d'une façon abominablement *trappiste*, ce qui n'a rien de séduisant quand on a 40 kilomètres de bécane dans les jambes et que le thermomètre marque Sénégal.

On peut aussi déjeuner à l'hôtel de Tournon et faire ensuite l'excursion en attendant le train de l'après-midi.

La question matérielle traitée, arrivons à l'abbaye.

La tradition raconte que Pierre de l'Etoile, *issu de sang royal*, grand ami de Robert d'Arbrissel, fondateur de Fontevrault, désespérant de faire son salut dans la vicieuse cour de France, au XIe siècle, se retira, sous le nom de *Gombaud*, sur les bords de la Creuse, et s'y établit ermite dans une grotte.

Il perça le sol de cette grotte pour faire une manière de puits qu'on voit encore et qui donne des idées cocasses à ceux qui ont l'esprit mal tourné, et vécut là, solitairement, de longues années de méditation et de prière avant de s'endormir dans l'éternité.

Vers l'an 1091, quelques hommes associés pour vivre dans la retraite (sans toutefois fabriquer de liqueurs) suivirent l'exemple de Pierre de l'Etoile, creusèrent de nouvelles grottes dans le rocher, et édifièrent une petite chapelle dite de Saint-Julien, ou aussi chapelle des Ermites.

Devenus plus nombreux et plus riches, ces anachorètes transportèrent leur établissement sur la rive droite de la Creuse, vis-à-vis leur première demeure et y jetèrent les fondements de l'abbaye de Fontgombault.

Les richesses de l'établissement s'accrurent rapidement par suite des libéralités des seigneurs qui partaient pour les Croisades, et au xvie siècle les moines avaient 16 mille livres de rentes, ce qui représente un joli denier au prix où était le beurre, quand un mouton coûtait couramment 24 sous et une paire de bœufs 60 livres.

Mais les guerres de religion, pendant plus d'un siècle (de 1569 à 1671), dévastèrent l'abbaye tantôt prise par les Huguenots, brûlée, puis reprise par les seigneurs voisins qui s'en appropriaient les revenus comme au coin d'un bois en nommant un simulacre d'Abbé sous le titre de *Confidentiaire*.

Enfin, en 1671, l'abbé du Mornay entreprit de relever la maison. On répara les désastres des époques précédentes ; on rétablit, en 1693, le clocher moyennant 10,000 livres ; mais malgré tout la réforme fut d'assez courte durée ; le nombre des moines était des plus limités et le cardinal de La Rochefoucaud, évêque de Bourges, réunit même la maison à celle des Lazaristes de Paris.

En sorte que lors de la Révolution, l'Assemblée nationale attribua à la Nation ces ruines à peu près abandonnées et qui ne trouvèrent pas d'acquéreur.

Cependant, l'abside, le sanctuaire et le chœur avec quatre travées de sa voûte subsistaient encore ; quelques piliers étaient demeurés debout ainsi que le magnifique portail sculpté d'un ciseau monastique au xiie siècle.

Les ronces avaient crû un peu partout et ce vieux monument historique, entassement de sable et de moellons, qui pleurait une gloire passée, semblait, dans sa languissante verdure, quelque chose comme le modèle de ce que devait être la Cour des Comptes après les exploits de Messieurs de la Commune.

Parmi les archéologues qui allaient visiter ces ruines célèbres, il se trouva un jour deux prêtres qui entreprirent de relever ces débris, rachetèrent l'antique abbaye et y réintégrèrent les moines en mai 1850.

Aujourd'hui, on a commencé à reconstruire l'église primitive, et le trappiste qui accompagne les visiteurs leur donnera toutes les explications qu'ils pourront demander à ce sujet.

L'intérieur du monastère n'offre rien de particulièrement curieux ; c'est une sorte de ferme-modèle possédant des étables superbes et des animaux de toute beauté.

Mais ce qu'il faut voir c'est l'installation du fondateur de l'ordre, dans sa grotte, et le Calvaire qui a été élevé à cet endroit.

A cet effet, un moine fait passer l'eau en bateau, on visite les cavernes des premiers anachorètes, et on fait ensuite l'ascension de la colline d'où l'on peut prendre des vues de toute beauté.

En quittant l'abbaye, il est absolument indispensable de faire visite à la route du Blanc, ou mieux encore d'aller jusqu'au Blanc : les touristes n'auront pas à le regretter et les amateurs de photographie feront bien de charger leurs appareils, parce qu'ils n'auront que l'embarras du choix. Faire cependant bien attention à l'éclairage des rochers, parce que souvent des coins de toute beauté ne donnent, en épreuves, que du noir sur du blanc, sans aucun effet.

Cette route du Blanc n'est qu'un entassement de rochers admirables ; il y en a des énormes accroupis depuis le déluge :

Rudis indigestaque moles,

« *une rude indigestion de moules* », comme traduisait cet idiot de *** au collège.

Il y en a qui profilent sur le ciel les silhouettes les plus étranges, gigantesques têtes d'oiseaux, profils de singes grimpant à l'assaut du ciel ; il y en a de percés à jour, d'autres de sculptés par quelque géant en folie imaginative ; il y en a de prismatiques, soigneusement entassés comme des draps dans l'armoire d'une ménagère ; enfin, comme dans les *Cloches de Corneville* :

Y en a pour tous les goûts !

A remarquer sur la hauteur, à droite, les restes de l'ancien prieuré de Mont-la-Chapelle. Plus loin le village de Benavant et son antique oratoire, et vis-à-vis, de l'autre côté de la Creuse, les ruines du château de Rochefort, autrefois considérable, mais n'ayant plus maintenant que quelques pans de murs tapissés de lierre et perchés sur le haut d'un rocher à pic qui se baigne le pied dans la rivière.

A propos de pieds, ce château, en 1796, fut le théâtre des exploits des *Chauffeurs*, des braves gens qui gagnaient leur vie en rôtissant les plantes de leurs contemporains pour savoir où ils nichaient leur argent. On n'en a plus laissé aujourd'hui et les dames peuvent s'y aventurer sans danger.

Un peu après, vis-à-vis de Sauzelles, le spectacle devient véritablement merveilleux. Je ne veux pas entreprendre une description que je me sens absolument incapable de faire ; mais le soir, avec un peu de lune, en côtoyant la Creuse que surplombent ces blocs immenses à pic, on se sent parfois un petit frisson dans le dos, ce qui chez quelques-uns est le comble de l'admiration.

Donc je résumerai ainsi la journée : départ de La Roche pour Tournon à 8 heures du matin. —

De Tournon à Fontgombault en voiture et y déjeuner. — Aller ensuite au Blanc, y dîner et revenir en voiture juqu'à Tournon pour prendre le train de 8 h. 45 et rentrer coucher à La Roche.

C'est l'une des plus jolies et des plus intéressantes excursions à faire pendant la saison.

LA GUERCHE — LE GRAND-PRESSIGNY
LEUGNY — SAINT-RÉMY
CHALOUPIE — LA HAYE-DESCARTES

—

Il est indispensable de disposer d'une journée entière pour faire au complet la promenade en chien de fusil dont je vais parler et dont le point terminus est La Haye-Descartes.

A bicyclette, elle est extrèmement agréable parce qu'on jouit beaucoup mieux du point de vue ; mais j'engage les amateurs qui ne sont pas absolument entraînés à opter de préférence pour le chemin de fer et à se rendre directement au Grand-Pressigny où je les retrouverai tout à l'heure.

Pour les fervents de la pédale, les cavaliers ou même les touristes en voiture, nous allons au *Tourne-bride*, déjà nommé dans l'excursion de Preuilly ; nous prenons la route à gauche, gagnons le village de Barrou, puis celui de *la Guerche*, au coin de la forêt du même nom. Total 13 kilomètres de bonne route.

La Guerche était une châtellenie qui dépendait des barons de Preuilly, au XVe siècle. Erigé en vicomté par Charles VII en faveur d'Agnès Sorel, le château était le rendez-vous du roi lorsqu'il séjournait à Loches et chassait en forêt de Guerche. Le bourg avait alors une enceinte fortifiée et un pont dont on voit les piles à eau basse, et qui fut détruit en 1698.

Aujourd'hui un autre pont relie le village de la Grande-Guerche à celui de la Petite-Guerche.

On y est fort bien pour prendre une ravissante vue du château, mollement accroupi dans la Creuse, et dont les élégantes tourelles se mirent gracieusement dans l'eau. Ce château fut acquis par les Voyer d'Argenson, vers 1661. Aujourd'hui il appartient au comte de Croï.

Cette visite achevée, nous enfilons, toujours à bicyclette, à cheval ou en voiture, le bois des Courtis, et gagnons le Grand-Pressigny où se fera la grande halte et le déjeuner.

L'arrivée au Grand-Pressigny est superbe et rappelle beaucoup celle de Preuilly.

Là aussi il y a un vieux château qui s'élève au-dessus de la ville comme pour la protéger ; et aujourd'hui encore, ses deux donjons et sa tour ont conservé leur caractère éminemment protecteur : ils sont occupés par la gendarmerie.

Ce château était autrefois chef-lieu de baronnie : la commune l'a très intelligemment acheté en 1858, de façon à en assurer la conservation.

En ce qui concerne la description archéologique du monument, je vais, suivant ma louable habitude, passer la parole à de plus compétents que moi.

Voici ce que dit M. Blanchetière à ce sujet :

« Les voûtes, qui étaient postérieures à la construction primitive (ainsi que le font voir les rainures tracées sur les murs pour asseoir les premiers rangs de voussoirs), n'existent plus, à l'exception de la voûte inférieure qui recouvre l'étage demi-souterrain ; de sorte qu'à partir de celle-ci, le donjon figure un prisme à base rectangulaire entièrement creux. A cela près il est dans un état de conservation parfait.

L'appareil moyen régulier y est remarquablement beau. La base est empâtée dans des casemates qui se trouvaient, en majeure partie, sous les bâtiments anciens du château accolés au donjon. On remarquera que les voûtes employaient alternativement comme culées les quatre murs, pris deux à deux à chaque étage. »

Ce château était assis à l'extrémité d'un plateau crayeux formant promontoire sur la vallée de la Claise.

L'habitation était isolée au moyen d'un fossé au nord et à l'ouest.

Vers la ville, elle était gardée par la déclivité naturelle de la colline, couronnée de murailles. Deux rues tortueuses conduisaient dans la place, et servent encore d'accès pour en visiter les curieux vestiges.

Non loin du donjon est un ancien puits de plus de 30 mètres de profondeur, abrité par un petit temple d'ordre dorique.

Au XVIe siècle un manoir Renaissance fut élevé à quelques pas au sud du donjon féodal. Une jolie maison de 36 mètres de longueur existe là, intacte, avec ses colonnes engagées dans une façade où domine l'ordre dorique. Les frises, les oves, d'une délicatesse exquise, les mascarons, les cheminées couronnées de dais à jour contrastent singulièrement avec le grave donjon qui grisonne près de là.

On peut en profiter pour faire, sans changer de place, des rapprochements d'archéologie comparée.

Une tour polygonale isolée y est couronnée par un petit dôme entouré d'un belvéder.

Il paraît, si j'en crois toujours M. Blanchetière, que l'artiste s'est surpassé dans cette élégante production. La porte de l'enceinte est en ogive et accompagnée de deux tours. Un avant-corps à bossages y a été ajouté au XVIIe siècle. Cette entrée était fermée par une herse. Une niche en occupe le tympan du côté de la cour.

Ces détails scientifiques donnés, je puis ajouter que du sommet de cette tour on jouit d'une vue splendide et des agréments d'une brise des plus rafraîchissantes.

On distingue notamment les ruines du château d'Etableaux, situé à deux tout petits kilomètres, et où nous ne pouvons nous dispenser de pousser une pointe avant de quitter le pays.

Nous irons d'abord voir l'église qui doit être

du XIV⁰ siècle et remplace celle qui y existait au VI⁰ siècle, du temps de Grégoire de Tours.

Puis nous dirons moralement adieu aux barons de Pressigny qui datent de 1160 pour finir en 1789 par un simple président à mortier du Parlement de Paris, et en route pour Etableaux.

Une étroite colline, formant un cap très allongé, sépare la Claise du ruisseau de l'Aigronne et est remplie de sites pittoresques. C'est sur ce promontoire, entre deux cours d'eau, que se dresse ce qui reste du château d'Etableaux.

Là, comme ailleurs, ruines d'un vieux donjon, mais ruines seulement, avec murs de près de 2 mètres d'épaisseur et contreforts de 2 mètres 1/2 sur 85 centimètres. Au-dessous, des prés avec peupliers et au-dessus un *vallum* bordé de tours avec meurtrières... J'en ai le frisson !

Du Grand-Pressigny on peut, à son gré, retourner directement à La Roche, ou pousser une pointe jusqu'à La Haye-Descartes en faisant escale, en route, à Abilly (fabrique d'instruments agricoles).

La Haye-Descartes et le village de Balesmes, qui forment une seule et même agglomération, renferment l'une des plus importantes fabriques de papier de France.

J'engage les personnes qui auraient le désir de la visiter, à se procurer au préalable une autorisation du propriétaire, car la consigne est absolument rigoureuse : *défense formelle d'entrer*.

On voit aussi à La Haye la statue de l'illustre philosophe Descartes et la maison où il est né.

Si l'on ne tient pas à la visite de l'usine, il est préférable d'aller directement d'Abilly à Saint-Rémy-sur-Creuse, à 2 kilomètres l'un de l'autre.

A Saint-Rémy se trouvent des grottes extrêmement spacieuses, avec des sources de l'eau la plus fraîche et la plus pure du monde. Ces grottes, dites de *Chaloupie*, ont eu l'avantage d'être habitées par nos grands-pères troglodytes, à l'époque où ils tuaient des ours pour se faire un petit complet et où ils déjeunaient d'un tournedos de loup.

Du reste, le mot *Chaloupie* vient évidemment du latin : *Caseus lupæ, fromage de louve*, tout comme le chabichou poitevin vient de Montbernage et du grec par une étymologie dont j'ai perdu le doux souvenir.

Après cette suggestive visite aux lares ancestraux, il ne reste qu'à retourner à La Roche par le train qu'on prend à La Haye ou à Dangé pour Châtellerault.

Je crois que le plus sage est de mettre les bicyclettes aux bagages, car la journée a été dure. C'est la plus longue excursion que je proposerai aux baigneurs de La Roche-Posay.

PLEUMARTIN

Le château. — La forêt. — Crémille.

Pleumartin est situé à l'origine du ruisseau de la Luire qui va, par Coussay, se jeter dans la Creuse à Lesigny.

Ce bourg, exactement distant de 6 kilomètres de La Roche, n'offre rien de particulièrement remarquable au point de vue archéologique, mais peut faire le but d'une jolie promenade d'après-midi

On suit la route qui longe l'établissement thermal actuel; on fait escale dans les boquetaux qui a bordent, fertiles en champignons de très belle venue, et on arrive à l'ancienne résidence des marquis de Pleumartin dont l'histoire est intimement liée à celle des seigneurs de La Roche-Posay.

En effet, le 23e descendant du fameux Effroy, fondateur du donjon de la Roche, Charles Chasteigner, avait épousé en 1640 une demoiselle Jousserand, fille du seigneur de Londigny, dont il eut deux fils et une fille.

Les fils moururent jeunes et la jeune fille, Gabrielle Chasteigner, épousa en 1662 René Ysoré, marquis de Pleumartin, lieutenant du Roi en Touraine et Poitou, au château duquel furent transportées les richesses accumulées au château de La Roche-Posay.

Mais ce château féodal a été rasé et remplacé par un bâtiment moderne situé au milieu d'un parc de toute beauté. Il est permis de le visiter.

A l'entrée une tour assez haute et deux pavillons subsistent encore, et une allée, garnie de gigantesques touffes de buis, conduit à l'habitation actuelle.

En face le château une vaste pelouse en pente douce mène à un bouquet de chênes séculaires.

On peut également visiter le cimetière dans lequel se trouve une chapelle sépulcrale avec une jolie façade en style flamboyant.

Si on fait la promenade en voiture ou à bicyclette, après avoir traversé la place du bourg et tourné à gauche de la gendarmerie, on arrive au passage à niveau qui se trouve à la gare, et là on suit la route d'Archigny, entièrement sous bois : c'est la forêt de Pleumartin.

A 1 kilomètre 1/2 environ commence l'exploitation des bois avec des scieries à vapeur installées en pleine forêt.

En revenant à La Roche on aperçoit à droite le clocher de Crémille, infime petit village orné d'une église basse qui vient d'atteindre sa majorité.

En résumé, il s'agit là d'une promenade sous bois destinée à utiliser un jour de repos au lendemain d'une excursion plus sérieuse.

ANGLES-SUR-L'ANGLIN

Voilà le programme d'une belle journée et d'une des plus jolies excursions qu'on puisse faire pendant un séjour à La Roche.

Comme mode de locomotion, voiture ou bicyclette à volonté.

On part de La Roche par le chemin qui mène à la gare, on prend le passage à niveau, on passe au pied du château de Posay, puis devant l'avenue de la Merci-Dieu, et après neuf kilomètres de route plate on passe le bourg de Vicq qui n'offre, du reste, aucun intérêt.

Le pont qu'on doit traverser en sortant de Vicq offre un coup d'œil sur un joli petit coin, avec moulin sur la Creuse, peupliers, eau dormante et généralement tout ce qui constitue les accessoires des jolis petits coins. Une vue photographique à prendre.

Après le pont, tourner à droite et suivre pendant deux kilomètres une route toujours parfaitement cyclable.

A la borne kilométrique marquant 900 mètres avant Angles, au sommet d'une côte, il est indispensable de s'arrêter pour admirer les rochers de *la Corbière* qui bordent la Gartempe, et les crêtes gigantesques de calcaire oolithique qui dominent la rive droite de l'Anglin.

Cet entassement de roches anté-diluviennes offre l'aspect de vieux murs de quelque gigantesque château féodal où l'on distingue, avec un peu d'imagination, des tours crénelées, des remparts, des chemins de ronde, enfin tout le répertoire moyen âgeux.

Après admiration, il ne reste qu'à descendre les 900 mètres qui conduisent à Angles, 3000 habitants, *Hôtel des Voyageurs*, fabrique de fort jolies broderies qui font le ravissement des dames.

Cette cité, centre d'une baronnie, avait un château inexpugnable dont les imposantes ruines subsistent toujours et occupent le sommet d'un énorme rocher à pic, ayant au moins quarante mètres d'altitude.

Ces vastes ruines appartiennent aux Xe et XIe siècles ainsi qu'à M. du Puynode. Une chapelle très pittoresque, sur le bord du précipice, est du XIIe siècle ; de nombreuses tours sont des XIIIe et XIVe siècles ; enfin il y a d'autres parties Renaissance, des pignons aigus percés de fenêtres à meneaux en croix.

Pendant une longue suite de siècles, à toutes les époques de la féodalité, cette remarquable forteresse a été certainement un puissant centre d'action, mais, chose curieuse, il n'en est question, à ma connaissance du moins, dans aucun ouvrage concernant le Poitou.

J'ai relevé, au cours de ma visite dans ces ruines, deux écussons superposés. L'un porte les trois fleurs de lys qui appartiennent aux seigneurs de La Roche-Posay ; l'autre porte, du côté gauche, trois coquilles Saint-James, et du côté droit quelque chose comme une demi-étoile ou mollette d'éperon.

Comme le tout est surmonté d'une crosse, il est possible que cette forteresse ait appartenu aux évêques de Poitiers, ainsi que je l'ai entendu dire dans le pays. En tous les cas, Messieurs les archéologues auront beau sujet à disserter savamment, tout en faisant attention à ne pas tomber dans les oubliettes.

En sortant du château on peut aller voir une fort belle tour romane, décapitée malheureusement, et qui appartient à l'église paroissiale d'Angles.

Il reste ensuite à descendre un petit chemin très à pic, à traverser le pont de l'Anglin et aller voir le beau portail des restes de l'abbaye de Sainte-Croix.

Elle a été bâtie par Isembert, évêque de Poitiers, par sa mère Téburge et ses frères Senebauld et Manassé, des noms pas ordinaires, comme on voit. Ce monastère dépendait dans les premiers temps de l'abbaye Saint-Cyprien, de Poitiers.

On lit dans un manuscrit de la Merci-Dieu que la première pierre en fut posée par Guillaume Tempier, évêque de Poitiers, en 1175, ce qui confirmerait mon opinion sur le château voisin. Au portail, on retrouve, du reste, des armes avec crosse.

Si on a la curiosité de franchir ce portail superbe, on a la désillusion d'entrer dans un reste d'église à peine long de trois mètres. La route en a pris deux bons tiers. Il ne reste donc, à proprement parler, que le portail.

Après ces visites historiques, on peut aller voir le confluent de la Gartempe et de l'Anglin ; mais j'engage plutôt les touristes à prendre la route de Mérigny qui se trouve à l'extrémité du pont et à la suivre pendant 300 mètres pour aller visiter la *Caprioron*.

C'est une grotte dans laquelle on entre en se baissant, et fort spacieuse intérieurement. Elle est occupée par d'énormes rochers entièrement verts, dans lesquels on trouve encore quelques stalagmites.

Lorsque l'œil s'est habitué à la demi-obscurité qui y règne, l'effet est absolument curieux.

Il existe également une autre grotte, dite de *Boisdichon*, mais elle est plus éloignée, et je crois qu'il faut une permission spéciale pour la visiter, parce qu'elle possède des stalagmites qui sont extrêmement tentants pour les amateurs.

Si l'on dispose de quelques heures, il est aisé de faire une partie de pêche sur la Gartempe, très poissonneuse en cet endroit, ou d'en suivre tout simplement les méandres en bateau, au milieu des rochers et des grottes qui abondent pendant trois kilomètres environ.

En résumé, trois sortes de jolies choses à visiter à Angles, également intéressantes à des points de vue différents : les rochers de Corbière, ceux qui bordent la Gartempe et les grottes ; les ruines du vieux château ; les ruines et le portail de l'abbaye.

Mais je ne saurais trop insister auprès des paysagistes pour les engager à ne pas borner là leur visite à Angles et à parcourir la vallée de l'Anglin depuis les rochers féeriques de Dousse (1 kilom. en aval d'Angles), jusqu'à *Mérigny* et même *Ingrandes*. C'est une succession de sites agrestes, de sentiers escarpés, de moulins, de surprises, au détour de chaque rocher.

Ici, le château de la *Roche-Bellusson* dans une situation très forte ; plus loin, le prieuré de *Puy-Chévrier* ; plus loin encore les ruines de *Plain-Courault* et enfin celles d'*Ingrandes*, près de la voie romaine qui unissait Argenton, Le Blanc et Poitiers. Ça embaume le Romain !

Et puis à chaque pas un souvenir, un sujet d'étude et une vue photographique à pincer.

Si l'on fait cette seconde promenade sur les rives de l'Anglin, la journée sera prise.

Si on veut la sacrifier, on peut revenir à la Roche directement ou en allant passer par Saint-Pierre-de-Maillé et retour par Vicq.

SAINT-PIERRE-DE-MAILLÉ

La Roche-à-Guet

On peut faire dans la même journée l'excursion d'Angles et de Saint-Pierre-de-Maillé, mais alors, comme je l'ai dit en parlant de la visite des curiosités d'Angles, il faut renoncer à la vallée de l'Anglin.

Je suppose donc que le touriste parte directement de La Roche pour Saint-Pierre-de-Maillé.

A Vicq, bifurcation dans un chemin très pittoresque, qu'on suit pendant 6 kilom. pour arriver à Saint-Pierre.

A noter, à droite, le vieux château bourgeois de Puy-Girault, et, à gauche, un joli petit château moderne. La route se poursuit, très agréable, presque toujours sous bois et se termine par une coquette petite descente qui aboutit au bourg.

Saint-Pierre-de-Maillé n'offre en lui-même rien de curieux, mais le château de *La Roche-à-Guet*, situé à deux kilomètres à peine, mérite d'être visité. On y arrive par une petite route très cyclable qui longe en partie le parc du château.

Celui-ci, orné d'un pignon couvert en tuiles, est suivi d'une terrasse qui surplombe de près de cent mètres l'Anglin et la route de Saint-Savin.

Tout ce pays est le triomphe du rocher, et il faut avouer que ce château de la Roche-à-Guet, perché comme un nid d'aigle sur le sommet d'une énorme masse granitique, vaut la peine d'être visité.

L'immense bloc des rochers se poursuit, du reste, tout le long de la route de Saint-Savin, de laquelle on jouit d'un coup d'œil vraiment magnifique.

De la terrasse de la Roche-à-Guet on voit le joli château de la Guittière, sis presque en face, au sommet d'une autre muraille granitique, et l'on distingue, tout à fait au-dessous de soi, les sommets de chênes séculaires, sur lesquels planent les bandes de corbeaux qui ont établi leur quartier général dans les rocs inaccessibles qui bordent l'Anglin.

Ainsi à Saint-Pierre, on a le choix entre deux promenades différentes et également intéressantes : aller à la Roche-à-Guet si on aime voir les choses de haut ; aller sur la route de Saint-Savin si l'on préfère suivre la vallée de l'Anglin et admirer au-dessus de soi la Roche-à-Guet et les rochers.

Mais j'opterais volontiers pour les deux si l'on fait de Saint-Pierre-de-Maillé le centre d'une excursion d'un jour.

Vicq, Angles et Saint-Pierre sont les trois sommets d'un triangle dont Vicq occupe le point culminant.

En sorte que si l'on est venu par Vicq-Saint-Pierre, il faut retourner par Angles-Vicq.

Après cette excursion. j'en aurai fini avec la partie rocailleuse de nos promenades ; mais j'engage vivement les touristes à ne pas négliger cette contrée située entre Tournon, Vicq. Angles. Fontgombault, le Blanc et Saint-Savin et qui est certainement l'un des jolis morceaux de la France pittoresque.

LA MERCI-DIEU
LE MOULIN. — LE BOIS D'ASPRE.

En sortant de la Roche-Posay par la route de Vicq, qui passe derrière la gare, à 2 kilomètres de la ville, on rencontre, sur la gauche, une large avenue qui conduit directement à la Merci-Dieu, habitée aujourd'hui par M. du Hamel, maire de La Roche.

La Merci-Dieu était autrefois une abbaye de l'ordre de Cîteaux, « *située paroisse de Posay-le-Vieux. Elle était de la filiation de Charlieu dans le temps où cette abbaye était en règle ; elle est aujourd'hui de celle de Pontigny* », écrivait, en 1783, Me Thibaudeau, avocat à Poitiers, auteur d'un *Abrégé de l'Histoire du Poitou*, avec privilège du Roy.

Cet ouvrage, fort curieux, était en vente, à l'époque, chez l'auteur, paroisse St-Cybard. Aujourd'hui on n'en trouve plus qu'un petit nombre d'exemplaires.

L'histoire de cette abbaye se trouve dans les pièces d'un procès qui s'éleva en 1705 entre le marquis de Pleumartin et le baron de Breteuil, au sujet du droit de fondation de ce monastère. (1)

---

(1) Voir *Notes d'histoire et d'archéologie*, par O. de Rochebrune, et l'*Histoire du Poitou*, par Thibaudeau.

Au milieu du xviiie siècle, les moines de la Merci-Dieu étant réduits à la mendicité, l'abbaye fut mise en vente et achetée par la famille du Hamel.

Aujourd'hui il ne reste plus que des vestiges de ce qu'elle était autrefois, mais on peut cependant y visiter certaines choses intéressantes, notamment les débris d'un réfectoire au fond duquel on voit une ancienne peinture murale représentant la Cène, et aussi l'ancien cloître de l'abbaye.

Dans les dépendances se trouve un moulin possédant une très vaste salle ornée d'une cheminée monumentale avec bordure de feuilles de chêne et d'acanthe, deux niches aux angles, le tout surmonté d'un écusson, propriétaire inconnu. On y distingue trois molettes d'éperons coupées par un triangle et surmontées d'une crosse. Ce sont sans doute les armes d'un abbé guerrier, lequel, si les mollettes d'éperons sont des étoiles, pourrait bien avoir été lui-même un Anglais.

Les archéologues qui visiteront la Merci-Dieu s'en arrangeront comme bon leur semblera.

Mais si j'ai amené le touriste à la Merci-Dieu, ce n'est pas pour leur faire visiter les antiques sépultures, l'église et le monastère minutieusement décrits par Thibaudeau, déjà nommé, et qui n'existent plus qu'à l'état de souvenir.

Mon but est de leur faire faire la promenade du *bois d'Aspre*. A cet effet, il suffit de traverser la

Gartempe et de gravir une légère colline de 116 mètres d'altitude, sise juste en face la Merci-Dieu : ce ne sera pas peine perdue.

Au sommet du monticule se trouve le plateau le plus idoine du monde à un rallye.

Terrain plat, pas trop dur et facilité extrême pour les dames de suivre la chasse de vue ou en voiture pendant un nombre respectable de kilomètres.

Si parmi les baigneurs de La Roche, il se trouve des sportsmen désireux d'organiser des courses ou un rallye, ils ne trouveront nulle part un meilleur endroit.

Pour les touristes calmes, la promenade est merveilleusement belle.

Du plateau du bois d'Aspre on a, en effet, une vue circulaire sur toute la région. Selon le point où l'on se transporte, on aperçoit Yzeures, Pleumartin, La Roche, des villages, des châteaux, les vallées de la Creuse ou de la Gartempe, le tout avec changement de décor à chaque instant, selon que l'on se tourne sur un point quelconque de la rose des vents.

Il y a là une matinée charmante à passer en l'entrecoupant de quelques haltes à l'ombre de petits bouquets de bois, plantés au hasard, et qui coupent fort agréablement la monotonie du terrain plat.

Il est difficile de trouver une plus grande variété de paysages et un panorama plus étendu dans nos régions.

C'est donc l'une des excursions que je conseillerai lorsqu'on a l'intention de rentrer à La Roche pour le déjeuner.

LE CONFLUENT
POSAY-LE-VIEIL. — LA PIERRE LEVÉE

Une toute petite promenade à pied.

Derrière la gare de La Roche, prendre le chemin qui fait comme le prolongement du passage à niveau, et 200 mètres plus bas on rencontre le confluent de la Creuse et de la Gartempe. Joli paysage, vue photographique à prendre.

Remonter ensuite le chemin jusqu'à la route de Vicq, aller voir le château moderne de Posay-le-Vieil ainsi que la chapelle y attenant.

Puis, au village de Posay se faire passer l'eau par l'un des deux bateliers du pays, et sur la rive gauche aller visiter le fameux dolmen dit *Pierre Levée*.

Quel est le sujet qui a donné lieu à l'élévation de cette pierre?

C'est un problème que les visiteurs pourront se poser avec quelques chances de ne pas le résoudre.

Ces pierres levées sont cependant assez communes dans la région et on n'est pas d'accord sur leurs origines.

En ce qui concerne celle de Poitiers, tout le monde sait (suivant Rabelais) qu'elle fut élevée par Pantagruel, alors qu'il y était étudiant.

Il prit, à cet effet, un rocher de 12 toises carrées appelé Passe-lourdin, *et l'installa sur quatre piliers pour servir de table afin que les escholiers passent le temps à monter la dite pierre et là banqueter à force flacons, jambons et pâtés et écrire leurs noms dessus avec un couteau.*

Telle n'est probablement pas l'origine de celle de Posay.

Mais il pourrait se faire, (*c'est l'opinion générale de Galnitz sur les pierres levées dans son Itinerarium Belgico-Gallicum*) qu'un grand débordement d'eaux ait entraîné là cet énorme caillou, et que les habitants l'aient élevé pour servir de monument à une inondation de première classe.

S'il passe des Antiquaires de l'Ouest à Posay, ils ne manqueront pas de voir là une sépulture de vieux Romain, ou bien quelqu'une de ces sortes de pierres destinées à faire voir au peuple et à l'armée les chefs qu'ils élisaient.

Ce qu'il y a de plus probable c'est que cette pierre, monument du paganisme, était un dieu ou un autel.

Les Romains juraient par *Jupiter Lapis* ; le dieu *Terminus* était un caillou ; Ovide, Tibulle, Prudence parlent du culte des cailloux.

Lucrèce dit : *Nec pietas ulla est velatum sæpe videri vertere ad lapidem.*

Moïse défend aux juifs d'adorer les pierres : *non facietis vobis idolum... nec insignem lapidem ponetis in terrâ ut adoretis eum...* La voilà bien la pierre levée !

Les Mahométans adorent une pierre appelée *Brachtan* et qui est conservée dans un petit temple construit par Adam, tout simplement, quand il fut chassé du paradis terrestre : un souvenir d'hier, comme on le voit !

Les Gaules surtout étaient infestées de ce culte. Yves, évêque de Chartres, rapporte qu'un concile de Nantes ordonna la destruction de toutes les pierres ainsi dressées dans les bois : *Funditus effodi jubentur lapides quos in ruinosis locis et silvestribus venerantur.*

De même un concile d'Adge défend d'adresser des vœux à des pierres particulières comme à des autels, *quasi ad altaria.*

Ces derniers mots, par leur analogie avec la pierre levée qui a la forme d'un autel, semblent justifier l'hypothèse d'un culte.

Telle est très probablement l'origine de la pierre levée de Posay.

En lui faisant une visite de politesse, comme à un respectable et antique témoin des siècles disparus, les touristes pourront méditer ses probabilités d'origine si le cœur leur en dit, mais ils gagneront à coup sûr un appétit féroce qui fera le désespoir de leur maître d'hôtel lorsqu'ils rallieront La Roche, la promenade faite, pour l'heure du déjeuner.

LE VILLAGE DE RIS
LE PONT DES FÉES

Si l'on se décidait à partir de bon matin pour porter sa carte au dolmen de la *Pierre Levée*, il serait aisé de faire, avant de rentrer déjeuner, la seconde excursion du *Pont des Fées*. Dans le cas contraire on peut l'agencer en promenade spéciale.

Arrivé au village de Posay, déjà plusieurs fois nommé, (comme dans les distributions de prix), on suit la route de Vicq pendant un tout petit kilomètre et l'on parvient à la ferme de Mortaigues appartenant à M. du Hamel. Là, prendre à gauche un ravissant chemin creux qui mène tout droit au village de *Ris*.

Je ne dirai pas que le village de Ris possède des curiosités extraordinaires. C'est simplement l'un des derniers échantillons d'un vrai hameau comme il en existait il y a quelque cinquante ans, mais comme on n'en fait plus aujourd'hui : toits en chaume, carrefour sablé de paille et puis toutes les maisons groupées autour d'une sorte de cour ou de place commune ; tel est l'aspect de *Ris*.

Le demi-quarteron d'habitants qui s'épanouit dans ce trou forme une population très serviable et extrêmement hospitalière. Ces braves gens ne possèdent à peu près rien, mais l'offrént de bon cœur.

Le premier venu vous conduira à travers champs, à cinq minutes de là, au bord de la Gartempe, au lieu dit *Pont des Fées*.

Le pont est toujours visible à eau basse seulement : les Fées ne le sont jamais.

Du côté droit de la Gartempe, au pied d'une colline très escarpée et extrêmement boisée qui est le contrefort du bois d'Aspre, se trouvent deux énormes rochers carrés, presque superposés et qui s'avancent de quelques mètres dans la rivière.

Au-dessous d'eux, dans leur prolongement, d'autres rochers constituent une sorte de pont.

Lorsque la Gartempe est dans son état normal on ne voit guère que les deux premiers rochers, point de départ du pont. Pour jouir donc de la vue complète de cette féerie, il faut choisir une époque très sèche avec Gartempe idem.

Le coup d'œil général est, du reste, ravissant.

Cette rivière immobile au milieu des rochers et des escarpements boisés produit une impression de calme remarquable. Il y a là quelques clichés jolis à prendre.

Les cyclistes qui voudront aller à Ris suivront la route de Vicq pendant 3 kilomètres environ. A gauche, au haut d'une petite côte, ils trouveront un chemin cyclable qui les mènera au village où ils laisseront leurs machines. Pour revenir, passer un petit pont de bois situé aux portes (! !) du village de Ris, et pédaler dans le chemin creux qui ramène à Mortaigues et à Posay.

Il existe un troisième chemin pour piétons. Il part de la Merci-Dieu, passe à travers champs et finit au pied d'un gros noyer, à 200 mètres à peine du Pont des Fées.

YZEURES

Le temple de Minerve. — La Maison hantée

De la gare de La Roche-Posay, on aperçoit, face à la voie, un clocher blanc, légèrement incliné, suivant la tradition de la tour de Pise, et entouré d'un échafaudage aussi confortable que permanent : c'est Yzeures.

On va à Yzeures en chemin de fer, en décrivant une courbe superbe, ou tout simplement par la route, en voiture ou à bicyclette.

Dans ce dernier cas, on traverse le pont de La Roche, on suit la route de Preuilly jusqu'au Tourne-Bride, puis on prend à droite, on longe le mur du parc et le château d'Aremburg, et à 5 kilomètres on fait son entrée dans le bourg d'Yzeures.

Il y a deux ans seulement, les touristes, amateurs de revenants auraient eu l'occasion de passer là quelques nuits suggestives dans la fameuse maison hantée. Aujourd'hui le médium a disparu et les Esprits l'ont suivi à Paris où il habite, paraît-il, désormais.

Comme on peut visiter la maison où se produisaient les phénomènes supranaturels, et que les gens du pays ne manqueront pas l'occasion d'en parler aux visiteurs, il n'est peut-être pas sans intérêt d'en dire, incidemment, deux mots ici.

Renée Sabourault, 12 ans, prétendait voir, la nuit, des Esprits extrêmement frappeurs qui secouaient les meubles, percutaient les cloisons et accomplissaient tout ce qui concerne généralement l'emploi d'Esprit.

Des savants, des lettrés, vinrent passer des nuits à Yzeures, mais en leur présence rien ne se produisait. Aussitôt partis, les tables se mettaient à danser, les rideaux des lits s'enflaient comme des voiles, des galops de chevaux se faisaient entendre dans le grenier, en un mot, on se trouvait instantanément en présence de toutes les merveilles qui se débitent dans les bonnes maisons hantées.

Les savants expliquaient ça (?) par la cristallisation du fluide cosmique universel, laquelle ne s'opère que dans des conditions de calme, de silence, d'obscurité et... de foi incompatibles avec la présence d'observateurs dénués de préjugés mais absolument sceptiques.

Que dirais-je de plus ?

A la suite d'une polémique contradictoire soutenue contre moi par les croyants dans les colonnes de l'*Avenir de la Vienne*, une série d'observations eut lieu à Yzeures, et comme on n'observa rien du tout, chacun coucha sur ses positions, et sur ce qu'il trouva là-bas pour s'aliter : les fervents plus convaincus que jamais, précisément parce qu'il ne se produisait rien, et les sceptiques, vainqueurs modestes, s'obstinant à croire que Renée Sabourault était une simple petite farceuse inconsciente.

Si vous entendez parler des revenants d'Yzeures, touristes mes confrères, et que vous ayez la curiosité de visiter la maison, montez au second étage et vous trouverez le long des fenêtres un passage en zinc, communiquant avec les maisons voisines, qui vous expliquera mieux que je ne saurais le faire comment on cristallise du fluide cosmique universel, en province.

Le phénomène le plus considérable qui se soit produit est celui de l'oscillation du clocher dont la construction était confiée à M. Sabourault père, qui n'était pas du tout hanté, lui, mais qui est un excellent homme ayant la guigne.

Les Esprits frappeurs se sont, paraît-il, installés souffleurs pendant une belle nuit, et l'échafaudage servant de bélier, ils ont donné au clocher la position oblique qu'on contemple aujourd'hui.

De là procès qui dure encore et ne permet pas au pauvre homme de toucher un argent dont il a bien besoin, car chose rare à notre époque, le père Sabourault, croyant ou incrédule, n'a jamais spéculé sur le cas de sa petite Renée.

Mais ce qu'il est beaucoup plus intéressant de visiter à Yzeures, c'est l'ancien temple de Minerve.

Je ne sais pas si cette déesse est beaucoup plus

authentique que les revenants, mais à coup sûr son temple l'est absolument.

Raconter comment furent découvertes les ruines de ce monument dans le jardin du presbytère d'Yzeures est chose un peu scabreuse, car Messieurs les savants sont gens extrêmement susceptibles. Toujours est-il que les vieilles pierres déterrées au cours des fouilles furent déclarées sans valeur par les premiers archéologues qui les rencontrèrent.

Mais le P. de la Croix, dont j'ai déjà cité le nom au cours de cette brochure, ayant pris le vent et trouvé que ça sentait énormément le Romain, fila sur Yzeures, et en deux temps reconstitua le frontispice d'un temple de Minerve, avec l'inscription qui ne laissait aucun doute sur la dédicace de l'édifice.

Il est très facile d'aller visiter ces antiques débris dans le jardin du curé d'Yzeures, et j'engage les baigneurs de la Roche, à faire de cette visite le but d'une de leurs promenades de l'après-midi.

L'AVENIR DE LA ROCHE-POSAY

Le nouvel établissement minéral.

J'ai essayé, au cours de cette brochure, d'indiquer aux baigneurs et aux touristes les plus jolies excursions à faire pendant leur séjour à la Roche, mais mon résumé est certainement incomplet.

Tout autour de la coquette station balnéaire on trouvera cent petites promenades charmantes, faciles à faire tout en suivant le traitement et suffisamment courtes pour pouvoir être entreprises par les personnes âgées ou désireuses de ménager leurs forces.

Le chemin de *Paradis*, la petite colline qui se trouve derrière l'école des Sœurs, le chemin couvert qui, parallèlement à la route de Pleumartin, conduit à l'établissement actuel des Eaux, rentrent dans cette catégorie de petites sorties à opérer entre le traitement du matin et le déjeuner, ou encore le soir après le dîner, en attendant le coucher du soleil, pendant la belle saison.

J'ai dit, au commencement de cet opuscule, que les eaux de La Roche produisaient des effets merveilleux. Mon séjour de quelques semaines à l'Établissement même m'a permis de vérifier l'exactitude de cette assertion.

J'y ai vu et connu de nombreux baigneurs qui tous, *sans exception*, m'ont affirmé l'heureux résultat du traitement sur leurs personnes.

Nombre de malades, parfaitement et complètement guéris, reviennent chaque année, comme en un pieux pèlerinage, visiter les *Fontaines* auxquelles ils doivent la santé, et il n'est pas d'exemple que ces eaux n'aient procuré un soulagement presque immédiat aux personnes atteintes d'affections cutanées et qui en ont fait usage.

Il n'est, du reste, nullement nécessaire d'être eczémateux pour boire aux sources. Leur caractère dépuratif les fait hygiéniques pour les personnes mêmes très bien portantes, et je puis attester, par mon expérience personnelle, qu'il n'est pas d'apéritif qui leur soit comparable. C'est un résultat constaté par tous les visiteurs qui, sans être atteints, ont, par esprit d'imitation, voulu user des eaux minérales et se sont toujours admirablement trouvés d'une cure sans objet apparent mais toujours heureuse en résultats féconds.

Malheureusement, il faut l'avouer, si les guérisons sont surprenantes, si le décor est enchanteur, le confortable a, jusqu'à présent, un peu fait défaut à La Roche-Posay.

Le vieil établissement minéral, avec ses aspects de cloître, ses petites chambres monacales et sa salle de billard était de nature à rebuter bien des gens habitués à goûter toutes les douceurs du bien-être à domicile.

On bivouaquait, en quelque sorte, à l'Etablissement aménagé, au surplus, pour recevoir un très petit nombre de baigneurs, personnes ayant déjà fait l'expérience des *Fontaines* et affrontant le manque de bien-être pour perpétuer une santé refaite.

Aujourd'hui tout est changé. La saison actuelle terminée, l'antique Etablissement va disparaître et de nouveaux et vastes bâtiments vont s'élever tout auprès de la ville, offrant le confortable que les baigneurs sont en droit d'exiger, et présentant tous les aménagements que comporte la science moderne.

Le service des douches et des bains y sera organisé avec le plus grand soin, et d'après les plans qui sont actuellement exposés, il est permis d'augurer que nous trouverons l'année prochaine un Etablissement de premier ordre.

Tout fait donc prévoir le succès, et dans un petit nombre d'années, les Eaux de la Roche, dont plusieurs siècles ont attesté l'étonnante efficacité, recevront comme jadis les milliers de malades qui viendront y chercher plaisir et santé.

Jules Testier.

Lignes de chemin de fer desservant La Roche-Posay

TOURS A LA ROCHE-POSAY par Châtellerault

STATIONS	OMN. 1,2,3	OMN. 1,2,3	OMN. 1,2,3
	mat.	soir	mat.
TOURS........ départ	10 25	4 55	5 25
Saint-Pierre-des-Corps.	»	»	5 43
Monts	10 46	5 16	6 1
Villeperdue	11 2	5 32	6 15
Sainte-Maure	11 18	5 48	6 28
Port-de-Piles .. départ	11 41	6 6	6 41
Les Ormes	11 52	6 16	6 51
Dangé	12 »	6 23	»
Ingrandes-sur-Vienne	12 13	6 35	»
CHATELLERAULT. d.	12 31	7 3	7 15
Senillé	12 53	7 19	7 31
Leigné-les-Bois	1 16	7 32	7 44
Pleumartin	1 37	7 40	7 53
LA ROCHE-POSAY ar.	2 »	7 52	8 4

POITIERS A LA ROCHE-POSAY par Châtellerault

STATIONS	OMN. 1,2,3	OMN. 1,2,3	OMN. 1,2,3
	mat.	soir	mat.
POITIERS...... départ	10 34	3 18	5 »
Chasseneuil	10 46	3 29	5 12
Clan	10 53	3 36	5 19
Dissais (Vienne)	11 »	3 43	5 26
La Tricherie	11 7	3 49	5 33
Les Barres	11 16	3 58	5 42
CHATELLERAULT.. d.	12 31	7 3	7 15
Senillé	12 53	7 19	7 31
Leigné-les-Bois	1 16	7 32	7 44
Pleumartin	1 37	7 40	7 53
LA ROCHE-POSAY ar.	2 »	7 52	8 4

LE BLANC A LA ROCHE-POSAY par Tournon-Saint-Martin

STATIONS	1,2,3	1,2,3	1,2,3
	mat.	soir	soir
LE BLANC...... départ	6 20	1 25	7 50
Pouligny-Saint-Pierre	6 29	1 34	7 59
Fontgombault	6 37	1 42	8 7
Lurais	6 44	1 49	8 14
TOURNON-St-MARTIN.. dép.	7 12	2 »	8 40
Launay	7 18	2 7	8 46
Yzeures	7 28	2 25	8 56
LA ROCHE-POSAY ar.	7 36	2 41	9 4

TOURS, IMP. TOURANGELLE.

CARTE VÉLOCIPÉDIQUE DES ENVIRONS DE LA ROCHE-POSAY

209

www.ingramcontent.com/pod-product-compliance
Lightning Source LLC
LaVergne TN
LVHW021008090426
835512LV00009B/2149